PUBLICATIONS DES « TEMPS NOUVEAUX ». N° 25.
JEAN GRAVE
ORGANISATION
INITIATIVE
COHÉSION
1re EDITION : 10,000 exemplaires.
PRIX : 10 Ces
Aux Bureaux des « Temps Nouveaux »
4, rue Broca, PARIS

EN VENTE AUX TEMPS NOUVEAUX

Bibliographie anarchiste, *par Nettlau*. . . . . 3 »
Les Feuilles, *par d'Axa*. 2 65

Volumes de chez Stock:

La Conquête du pain, *par Kropotkine*. 2 75
L'Anarchie, son idéal, *par Kropotkine* . . . . 1 »
La Société future, *par J. Grave* 2 75
La Grande Famille, roman militaire, *par J. Grave*. 2 75
L'Individu et la Société, *par J. Grave*. 2 75
L'Anarchie, son but, ses moyens, *par J. Grave* 2 75
Mais quelqu'un troubla la fête, *par Marsolleau*. . . . . . . 1 »
Evolution et Révolution, *par Elisée Reclus*. 2 75
La Commune, *par Louise Michel*. 2 75
L'Instituteur, roman, *par Th. Chèze* 2 75
Sous la Casaque, *par Dubois-Desaulle* 2 75
L'Amour libre, *par Ch. Albert* 2 75
En marche vers la société nouvelle, *par C. Cornellissen* . . 2 75
Les Aventures de Nono, *par J. Grave*, illustrations de Luce,
   Rysselberghe, Charpentier, Hermann-Paul, Lucien Pissarro,
   C. Lefèvre, Heidbrinck, Mab 2 75
Ceux de Podilpnaïa, *par Rannikoff* 2 75
Autour d'une vie, *par Kropotkine*. . . . . 3 »
Les Jugements du Président Magnaud, *annotés par Leyret*. 2 75
La Colonne, *par Descaves* 2 75
La Poigne, pièce, *par J. Jullien*. . . . . 2 »
L'Ecolière, — — . . . . 2 »

De chez Dentu :

Le Primitif d'Australie, *par Elie Reclus* . . . . 3 »

De chez Schleicher :

La Vie ouvrière en France, *par Pelloutier* . . . . 5 »
Les Enigmes de l'univers, *par Haeckel*. . . . . 10 »

Librairie dramatique :

La Vie publique, pièce, *par Fabre*. . . . . 3 »

De chez Villerelle:

La Faiseuse de gloire, *par P. Brulat* 2 75

De chez Hachette :

Petite Histoire du peuple français (pour les enfants), *par*
  P. Lacombe 1 75

De chez Bellais:

La Guerre et l'Homme, *par P. Lacombe*. 2 75

De chez Charpentier :

Sous la toque, *par A. Juhellé* . . . . 3 »

De chez Collin :

Le Conflit, par *Le Dantec*, à la *Revue Blanche*. . . . . . 3 »
Ces Messieurs, pièce, *par G. Ancey*. 2 75

De chez Plon :

La Vie privée d'autrefois : L'Hygiène, *par Franklin* . . . 3 »
La Vie privée d'autrefois: Les Soins de toilette, *par Franklin* 3 »

Publications des « TEMPS NOUVEAUX » — N° 25

JEAN GRAVE

Organisation
Initiative
Cohésion

Première Edition : 10.000 Exemplaires

Prix : 10 Centimes

PARIS

Au Bureau des « TEMPS NOUVEAUX »

4, RUE BROCA, 4

1902

Organisation, Initiative, Cohésion [1]

S'il est une chose difficile à faire entrer dans le cerveau des gens, c'est, à coup sûr, l'esprit de logique et de pondération nécessaire pour examiner, sous toutes ses faces, toute question discutée, avec assez de hauteur de vue, qui vous permette de vous dégager d'un particularisme étroit, et de la voir, avec toutes ses contingences, en tous ses rapports avec d'autres questions.

Ainsi, parce que, jusqu'ici, on a essayé d'enrôler, de discipliner et de mener les individus en des systèmes hiérarchiques et centralisés, que l'on décorait du nom d'organisation, nous avons vu, parmi les anarchistes, des camarades affirmer que, ne voulant plus d'autorité, ils ne voulaient plus d'organisation.

Il n'y a pas à s'arrêter aux affirmations de ceux qui, sous prétexte de vouloir paraître plus logiques, ou plus révolutionnaires que qui que ce soit, poussent leurs raisonnements jusqu'à l'absurde, ou qui, possesseurs d'un raisonnement trop rudimentaire, ne s'aperçoivent pas de la complexité des relations de cause à effet, ne voient jamais une question que sous une seule face, et viennent nous dire que leur individualisme ne leur permet pas de se lier d'avance par des promesses lorsqu'ils s'asso-

---

[1] Rapport qui devait être lu au Congrès antiparlementaire international de 1900, interdit par le ministère socialo-libéral Millerand-Waldeck-Rousseau.

cient avec d'autres, affirmant n'avoir d'autre guide que leur volonté ou leur caprice.

On ne discute pas des absurdités.

D'autres, plus rationnels, comprennent que, dans la plupart des cas, il est profitable d'associer ses efforts aux efforts d'autres camarades pour obtenir une plus grande somme de résultats, qu'il n'y a d'association possible qu'à condition de s'entendre, au préalable, avec ses coassociés, pour bien déterminer l'action commune aussi bien que l'action de chacun pour une bonne coordination des efforts associés. Seulement, disent-ils, ce n'est pas de l'organisation, c'est de « l'entente libre ».

« Entente libre », organisation, cela en somme serait peu important, si la confusion ne permettait d'épiloguer là-dessus, faisant discuter sur des mots des gens qui sont d'accord sur le fond ; permettant aussi à nos ennemis de profiter de la confusion pour nous présenter comme des hurluberlus qui ne savent pas ce qu'ils veulent.

**

Mais cette incompréhension de la question ne s'arrête pas là, et c'est bien ce qui prouve combien il est difficile de s'arrêter au point juste. Comprenant la perte des forces qui résultait de cette dissémination des forces anarchistes, d'autres camarades ont voulu réagir contre cet individualisme outré, tenter de réunir les efforts, se faisant les défenseurs de l'organisation, venant à chaque occasion propice présenter des systèmes de fédération qui n'avaient qu'un tort : d'être calqués sur les systèmes centralisateurs et autoritaires, n'assurant la coordination des efforts qu'au détriment de l'esprit d'initiative.

Et c'est ainsi que nous voyons le groupe des *Etudiants S. R. I.* venir nous présenter le fameux projet de « bureau de correspondance » qui a été proposé si souvent aux anarchistes, sans jamais pouvoir s'acclimater parmi nous.

Bien entendu, dans l'esprit des camarades qui nous le présentent aujourd'hui, aussi bien que dans l'esprit de ceux qui le proposèrent autrefois, ce « bureau de correspondance » ne doit pas avoir d'autorité ; les groupes qui y adhéreront conserveront leur autonomie ; son rôle se bornera à servir d'intermédiaire, et rien de plus.

Ceci, c'est la théorie ; mais il faudrait voir ce qu'en vaut la pratique.

*
* *

De quoi se plaint-on ? Que les anarchistes manquent de cohésion, qu'ils tiraillent un peu au hasard, sans lien d'aucune sorte, perdant ainsi une partie de leur force faute de solidité pour donner plus de suite à leur action.

Il est vrai que, bien souvent, groupes ou individus ont bataillé chacun de leur côté, sans chercher à relier leur action avec celle d'autres qui bataillaient à côté. Il est bien vrai que les anarchistes manquent, en apparence, de cohésion, qu'en plus d'une occasion on s'est trouvé embarrassé pour trouver des camarades dont on avait besoin.

Mais je ne crois pas que cela soit un si grand mal. C'est la méthode des partis autoritaires de décréter l'entente, la fédération, en créant des organisations et des groupements qui avaient pour but d'assurer cette union et cette unité de but. Les anarchistes combattant cette façon de procéder, il était tout naturel qu'ils commençassent à lutter chacun de leur côté, l'entente et l'union ne pouvant découler que de la communauté de but ou d'action.

C'est des groupes eux-mêmes, se reliant peu à

peu les uns aux autres que doit sortir la fédération anarchiste, et non pas parce que l'on aura décidé de créer un groupement chargé de l'organiser.

Il n'est, du reste, pas tout à fait exact de dire
qu'il n'y a pas d'entente, pas de relations entre
groupes anarchistes. Ces relations existent aussi
bien entre les groupes qu'entre les individus, seulement elles manquent de façade. Et pour beaucoup, la
façade c'est tout.

Ces relations manquent cependant de coordination, de continuité et de généralisation. C'est à cette
généralisation, à cette continuité, à cette coordination que nous devons travailler.

Mais d'autres camarades vont encore bien plus
loin. Parce que la propagande n'a pas pris la tour-
nure qu'ils avaient cru pouvoir lui imprimer, d'aucuns, nouveaux Jérémies, vont pleurant sur la dis-
parition du mouvement anarchiste; clamant que
la propagande se meurt, que la « propagande n'est
plus! »

Ces camarades ont seulement oublié de regarder
autour d'eux et d'examiner les faits.

Se rendant fort peu compte combien les idées
progressent lentement, ils attendaient de leur propagande des coups de foudre qui allaient illuminer
le monde !

Il y a eu des coups de foudre, mais le monde n'a
pas été illuminé.

Ils avaient d'avance élaboré un programme autour duquel les foules allaient se grouper; tracé la
route par laquelle on allait marcher à la conquête
de l'idéal; l'évolution de l'idée devait prendre la
direction que leurs efforts allaient lui imprimer.

Et la propagande s'est faite devant eux, derrière
eux, de droite, de gauche, en long, en large, en
travers. Ce n'est pas ce qu'ils s'étaient imaginé;
par conséquent, pensent-ils, il n'y a rien de fait.

S'ils regardaient autour d'eux, ces camarades verraient le travail de désorganisation, lent mais sûr, qui s'accomplit dans l'état social. Ils verraient l'idée sourdre de toutes parts : en science, en art, en littérature, dans toutes les branches de l'activité humaine.

Peut-être le nombre des individus ayant compris l'idée anarchiste en toute son ampleur, l'acceptant dans toutes ses conséquences, progresse-t-il lentement; mais il n'y a pas, à l'heure actuelle, un individu réfléchissant qui n'accepte la légitimité de quelques-unes de nos revendications.

Certes, ce n'est pas la trouée rêvée ; ce ne sont que des lézardes, infimes encore, mais qui iront s'élargissant jusqu'à ce qu'elles entraînent la ruine totale de l'édifice.

Sans nos vingt ans de propagande antimilitariste et de négation de l'autorité, croit-on que l'affaire Dreyfus aurait pris l'ampleur qu'elle a acquise, entraînant, quoi qu'ils fissent, la plupart de ceux qui s'y mêlèrent? accomplissant, en retour, une besogne de démolition que n'auraient pas faite vingt autres années de propagande.

*
* *

Il faut voir les événements d'une façon plus large, et bien se pénétrer de cette idée, que les événements, que l'évolution même à laquelle nous travaillons, ne prendront pas la direction que nous croyons pouvoir leur imprimer. Leur complexité est bien trop vaste pour se contenter des petites canalisations où nous voudrions les endiguer; notre vue est trop courte pour pouvoir les juger dans leur ensemble, et les apprécier à leur juste valeur.

Il est de toute nécessité de se faire une idée nette de ce que l'on veut et d'agir dans ce sens. Mais les événements dirigent plus les hommes que les hommes n'influent sur les événements. Et de ce que cela ne marche pas selon nos désirs, gardons-nous de conclure à la négation de ce qui se fait. C'est peut-être par les côtés dont nous nous doutons le moins, que s'opérera la transformation désirée.

Frappons aux obstacles qui nous gênent; mais n'ayons pas la prétention de croire que le monde reste immobile parce que nous ne pouvons pas en diriger la marche.

Il n'y a qu'à jeter un coup d'œil sur les progrès accomplis par l'idée, depuis le jour où, il y a une vingtaine d'années, s'affirma en France l'idée anarchiste au *Congrès du Centre*, pour voir que, tout indisciplinés et tout morcelés qu'aient été les efforts, l'évolution des idées a fait un progrès énorme comparativement à la marche des autres idées; et que, étant donné le peu de moyens dont disposent les anarchistes, la pauvreté de la plupart, ils ont donné une somme d'efforts que n'atteignent pas d'autres partis disposant de plus de monde et de plus d'argent.

Le demi-quarteron a fait de nombreux petits.

* *

S'ils s'étaient centralisés ou fédéralisés au début de leur propagande, les anarchistes auraient perdu, en initiative et en autonomie, ce qu'ils auraient pu gagner en unité. Et, du reste, logiques avec eux-mêmes, sortant de secouer les entraves des partis révolutionnaires autoritaires, ils faisaient l'apprentissage de leur liberté, en ne prenant conseil que de leur initiative propre.

Peut-être, ici, y a-t-il une réserve à faire, et à reconnaître que cet esprit d'initiative ne fut que l'apanage d'un trop petit nombre, qui arrivaient à entraîner dans leur action ceux qui les entouraient, action qui s'éteignait lorsque, pour une cause ou pour une autre, ces individualités venaient à disparaître.

C'est pourquoi nous avons vu se former tant de groupes qui disparaissaient ensuite après une activité plus ou moins longue, plus ou moins courte.

Mais croit-on que cette initiative sera suscitée, parce que l'on aura chargé un groupe de l'organiser? Si les individus ne sont pas pénétrés de cette idée que telle chose doit être faite, et si, pour la faire, il est nécessaire de grouper cinq, dix, cinquante, cent individus, il faut se mettre à l'œuvre de suite, et se remuer jusqu'à ce qu'on les ait réunis : croit-on que ce sera un « bureau de correspondance » qui mettra cela dans la tête des gens? Est-ce en créant un groupe de plus que l'on suscitera les initiatives qui manquent? Si les anarchistes n'ont pas su, jusqu'ici, s'unir et créer entre eux un lien de solides relations, n'est-ce pas plutôt parce que, jusqu'ici, ils n'en ont pas senti le besoin, ou que, l'ayant senti, ils ont manqué de la conviction nécessaire pour agir dans cette direction ?

Ce fameux « bureau de correspondance » n'est pas une innovation. On tenta de le créer à la suite du Congrès que les anarchistes tinrent à Londres en 1881. Le dit bureau ne put jamais fonctionner. Plus tard, les camarades d'Italie, dans un de leurs congrès, décidèrent la création d'un centre pour eux. L'auteur de cette idée fut désigné pour recevoir la correspondance. Et, depuis, il a avoué que jamais il n'avait moins reçu de correspondances que lorsqu'il fut désigné officiellement pour les recevoir.

Voilà comment on suscite les initiatives lorsqu'on veut commencer par le sommet au lieu de partir de la base et que l'on confond toujours cohésion avec unification.

Et la preuve que le groupe des étudiants S. R. I.
tombe dans cette confusion, ce sont les motifs qu'il
donne pour la création d'un organe international,
venant renforcer le « bureau de renseignements ».

*
* *

Etant moi-même l'éditeur d'un journal, j'aurais
bien laissé de côté cette question, si, dans ses consi-
dérants, le rapport des étudiants ne nous donnait un
aperçu de leurs tendances centralistes, dont ils ne
se rendent peut-être pas bien compte eux-mêmes.

Ils pensent faire le procès des journaux anarchistes, en constatant « qu'ils sont aux mains de ceux
qui les font, et que le parti n'a aucun recours contre
eux ; que, s'il plaît à ces propriétaires de journaux
d'éliminer une question, ils peuvent le faire, les
anarchistes se trouvant à leur égard aussi désarmés
que devant les journaux bourgeois ».

En formulant cette critique, nos camarades du
groupe des étudiants se montrent ignorants de ce
que peut et de ce que doit être un journal pour faire
de la bonne besogne, et ils oublient une chose,
c'est que, s'il y a un courant d'idées se dénommant
anarchisme, courant qui a, en effet, quelques lignes
générales nettement définies quant au but, par
contre les façons d'en concevoir la réalisation sont
multiples; et la divergence est telle que l'on se
traite, plus d'une fois, mutuellement de réactionnaires. Ces divergences subsisteront toujours assez
grandes pour se refuser à toute unification, seront
toujours assez contradictoires pour refuser de s'associer à la même œuvre, et, loin de désirer à les voir
s'atténuer, nous devons, au contraire, espérer
qu'elles évolueront chacune dans leur direction.

Personnellement, je n'ai, contre la désignation de
« parti », aucune répulsion prononcée. Si, sous ce

vocable, on veut désigner seulement une catégorie d'individus qui, ayant un fonds d'idées communes, ont, de ce fait, une certaine solidarité effective et morale contre leur adversaire : la société bourgeoise, j'accepte l'épithète de « parti anarchiste ».

Mais si l'on vient me parler de groupe chargé de « représenter le parti », d'organe « chargé d'exprimer les idées du parti », je déclare que je repousse, pour ma part, cette façon d'envisager les choses ; car, dans un groupe, si petit soit-il, il y a toujours forcément certaines divergences d'idées parmi les membres qui le composent. Et lorsque ce groupe affirme des idées comme siennes, ce n'est qu'une moyenne de ces idées, car s'ils les exposaient toutes, ce ne serait plus une affirmation qu'il ferait, mais un simple exposé contradictoire.

Or, comment ferez-vous un organe officiel du parti anarchiste exprimant les idées du « parti anarchiste », alors que les anarchistes ne sont et ne peuvent être d'accord sur toutes les questions ?

*
* *

Ainsi, pour ne prendre que quelques points, nous sommes tous d'accord qu'il faut lutter contre la propriété, mais par quels moyens la renverserons-nous ? Voilà où il est difficile de se mettre d'accord. D'aucuns prétendent que le vol est un de ces moyens ; d'autres — dont je suis — ne voient dans ce moyen qu'une adaptation à la société bourgeoise.

Certains voient dans les associations coopératives le germe des groupements de la société future, d'autres les considèrent comme des moyens bourgeois d'étayer la société bourgeoise.

Nous sommes tous d'accord qu'il faut lutter contre le patronat ; quelques-uns de nous, tout en considérant que les syndicats ne sont pas la perfection

comme moyens de lutte, pensent qu'il est utile de s'y
mêler pour y faire de la propagande ; tout en sachant
qu'une augmentation de salaire n'est qu'une amélioration temporaire, sans aucun effet sur le résultat
désiré, ceux-là pensent que tout anarchiste est soli-
daire des ouvriers de sa corporation, puisque, à
l'heure actuelle, eu égard à leurs conceptions, c'est
le seul moyen qu'ils aient de lutter contre les exi-
gences patronales. D'autres encore, trouvant les
syndicats trop réactionnaires et les grèves trop ano-
dines, refusent de s'y mêler.

Quelques-uns pensent que, le mariage légal étant
reconnu absurde, il est du devoir de tout anarchiste
de ne pas se prêter à cette comédie. D'autres prétendent que, étant donnée la société bourgeoise, c'est
une sauvegarde pour la femme, et qu'il n'y a rien
d'antianarchiste à passer devant le maire.

Nous voulons tous l'affranchissement le plus com-
plet de l'individu, sa liberté d'action la plus absolue ;
mais comment s'opérera cet affranchissement? dans
quelles conditions agira cette liberté? voilà où com-
mence le désaccord.

D'aucuns, et j'en suis, pensent que, l'individu
n'étant pas un être abstrait, mais bien une réalité
tirée à près de deux milliards d'exemplaires, ces
libertés doivent se respecter réciproquement les unes
les autres pour pouvoir évoluer harmoniquement.

D'autres affirment que l'individu est tout, et n'a
à tenir compte que de lui.

Mais, le plus souvent, il arrive que ce sont ceux
qui affirment la solidarité de tous les êtres humains,
qui sont forcés de défendre les droits de l'indivi-
dualité contre l'autoritarisme de ceux qui prétendent être les seuls défenseurs de l'individu.

Or, notez que je ne prends que les opinions ex-
trêmes ; entre chacune, la diversité est grande, il y a
des gradations et, sur chaque point fondamental où

nous pouvons être d'accord, il y a aussi une divergence de vues quant à la réalisation, divergences qui, en une foule de cas, vont à l'antagonisme absolu

Rien que cela démontre déjà l'impossibilité de faire un organe officiel du parti.

Mais il y a autre chose. Il est nombre de camarades dont je ne veux pas contester le dévouement et la sincérité, mais qui ont parfois des incontinences de plume un peu menaçantes pour tout organe qui voudrait leur prêter ses colonnes.

De ceux-là, insérerez-vous la copie? — Je n'envisage pas l'hypothèse de l'insertion, car les résultats ne tarderaient pas à devenir comiques; mais à côté de ceux-là, il y en a un plus grand nombre dont les communications, se tenant entre le bien et le mal, ne sont pas à la rigueur mauvaises, mais n'apportent rien de saillant dans la question qu'elles traitent, et n'ont que l'inconvénient de tenir la place d'un article plus utile. Qui ou quoi décidera de leur insertion ou non?

Je ne vous demande pas comment vous aurez recruté votre comité de rédaction; si vous l'aurez nommé à la majorité, par acclamation, ou s'il se recrutera lui-même? — Je constate qu'il vous faudra bien choisir un petit nombre de camarades auxquels vous aurez confié la besogne; leur mandat devra être, ou d'insérer tout ce qui leur arrivera, ou ils auront mission de faire un tri? Et alors, quel sera leur critère de ce qui devra être inséré, ou de ce qui devra être repoussé? — Devront-ils convoquer tout le parti, lorsqu'il y aura contestation?

*
* *

Je ne veux pas faire de questions personnelles au Congrès. Seulement, comme on a mis en cause les journaux existants, il me faut bien en parler aussi. Nous sommes, aux *Temps Nouveaux*, un petit groupe de camarades qui faisons un journal pour y développer nos idées, notre façon d'envisager les choses sous notre propre responsabilité.

Nous n'avons nullement la prétention de représenter toute l'anarchie. Nous disons ce que nous pensons ; ceux qui pensent que nous faisons de la bonne besogne nous aident, ceux qui n'en sont pas satisfaits ne nous aident pas, cela va de soi. Chacun porte ses efforts vers ce qui répond à sa propre façon de voir, c'est conforme à l'idée que nous nous faisons de l'initiative.

Néanmoins le rapport du groupe des Etudiants S. R. I. contient une affirmation que je ne veux pas laisser passer. Pour appuyer sa proposition de créer un organe appartenant au parti anarchiste, il donne comme argument que, lors de l'affaire Dreyfus, il ne put trouver d'organe où exprimer son idée sur ce sujet.

S'il se fût adressé aux *Temps Nouveaux*, il aurait pu se faire qu'on lui en eût refusé l'insertion. A ce que nous insérons, nous demandons des qualités de fond et de forme qui nous rendent assez sévères là-dessus. Il est toutefois une chose certaine, c'est que, au sujet de l'affaire Dreyfus, notre censure n'a pas eu à se prononcer sur la prose du groupe des Etudiants. Il ne nous a jamais rien présenté sur cette question.

Si je relève ce petit fait, ce n'est pas pour faire une apologie, croyez-le bien, la rédaction des *Temps Nouveaux* n'a à demander de certificat d'anarchisme à qui que ce soit. Nous insérons ou refusons de la copie selon nos idées, selon nos impressions du moment. Nos insertions comme nos refus peuvent ne pas être toujours absolument justifiés. Nous serions plus que des hommes si nous ne nous trompions jamais. C'est cependant comme cela que se créent les légendes. Aujourd'hui, on affirme qu'il y a eu des journaux anarchistes pour refuser de laisser exprimer l'idée d'un groupe sur l'affaire Dreyfus, demain un autre demandera quel intérêt il pouvait bien avoir à ne pas laisser ouvrir cette discussion, un troisième affirmera qu'il était payé pour cela.

Moi aussi, à mes débuts dans le mouvement, j'ai crû à une conformité absolue d'idées entre tous l s anarchistes; moi aussi, je croyais que l'on pouvait se fondre tous dans le même effort. Cette croyance ne provenait que de mon ignorance.

L'expérience nous démontre la complexité des choses. Au fur et à mesure que notre cerveau s'enrichit d'une connaissance nouvelle, c'est comme si nous gravissions une montagne où, plus nous montons, plus le panorama s'élargit à nos yeux. A chaque acquisition nouvelle, nous nous apercevons de la multiplicité des facteurs qui concourent à une question qui, au début, nous paraissait si simple, nous la montrant avec des conséqu es que nous étions loin de soupçonner, modifiant nos intransigeances premières.

Les hommes ne peuvent bien représenter que leurs propres idées, leurs propres aspirations, ne défendre que leur seule façon de concevoir les choses.

Une unité de vue est irréalisable ; ensuite, elle serait funeste, parce que ce serait l'immobilité. C'est parce que nous ne sommes pas d'accord sur certaines idées que nous les discutons, et qu'en les discutant nous en découvrons d'autres que nous ne soupçonnions pas. Il faut une grande divergence d'idées, de vues, d'aptitudes, pour organiser un état social harmonique. C'est seulement lorsque toutes ces divergences peuvent s'affirmer et évoluer qu'il y a vie. C'est pourquoi un journal, s'il veut faire une besogne sûre, continue, ne peut être l'œuvre que d'un ou plusieurs individus, d'accord sur ce qu'ils veulent, ne tenant de mandat que de leur seule volonté, et le faisant à leurs risques et périls. L'œuvre vaudra par ce qu'ils vaudront eux-mêmes.

Plus leur ligne de conduite sera nette et définie, moins ils s'en laisseront dévoyer, plus ils auront chance de satisfaire moins de monde. Mais n'est-ce pas là la véritable initiative anarchiste ?

Ceux qui n'en sont pas satisfaits n'ont qu'à faire mieux à côté ; c'est encore là de la bonne initiative. C'est en voyant multiplier les journaux, les livres et les brochures, où chacun tâchera de démêler et d'expliquer sa façon de concevoir les choses, que nous avons chance de voir se développer toutes les idées, tandis que ce serait un moyen sûr d'en étouffer en essayant de canaliser le mouvement — chose absolument impossible, du reste.

Mais que l'on ne s'y méprenne pas, j'explique ici les fonctions d'un journal. Je n'ai nullement la prétention de m'élever contre la création d'un nouveau. S'il y en a qui ne sont pas contents de ceux qui existent, qu'ils en fassent d'autres à côté, rien de mieux ; plus il y aura de journaux qui vivront, plus ça montrera que l'idée anarchiste prend de l'extension. Et comme je suis convaincu que les efforts que l'on apportera, pour faire vivre ceux que l'on créera, ne seraient pas faits pour ceux existants, puisque, justement, on ne veut les créer que parce que les autres ne répondent pas aux *desiderata* des dissidents, c'est toujours autant de gagné pour l'idée, puisque cela donne lieu à des efforts qui ne se produiraient pas autrement.

Seulement, sachons bien définir ce que nous voulons, ne nous laissons pas influencer par les survivances de notre éducation autoritaire, ne nous payons pas de mots, et sachons surtout démêler, en notre esprit, nos propres mobiles, afin de ne pas donner une fausse direction à notre action.

Nous avons aboli, pour nous, la délégation aux parlements; une bonne fois pour toutes, mettons-nous dans l'idée que si, en certains cas bien spécifiés, bien déterminés, un mandataire peut nous remplacer avantageusement, il n'en est pas de même s'il s'agit de questions générales.

Et c'est vrai pour un journal. Vous pouvez bien, en le créant, décider qu'il sera l'organe de tous. En fait, il sera l'organe de ceux qui le feront; de par la force même des choses, il ne peut en être autrement.

*
* *

Mais j'en reviens au « bureau de correspondance ».

Nous avons vu que ce ne sont pas les moyens qui manquent aux anarchistes de se mettre en rapport, mais le sentiment de l'utilité de ces relations. Ce n'est donc pas à créer un rouage inutile que nous devons nous essayer, mais à bien faire comprendre cette nécessité d'avoir des relations directes entre groupes, entre individus, même lorsqu'on ne pense pas absolument de même sur toutes les questions.

Gardons-nous de réintégrer parmi nous les *impedimenta* que nous critiquons chez nos adversaires. Travaillons à faire comprendre à chacun de nos camarades combien il est utile, combien il est nécessaire de se connaître, d'échanger des idées, de se prêter un appui mutuel dans la mesure de ses forces.

Et le meilleur moyen, c'est de prêcher d'exemple. Que les groupes qui ont compris cette utilité commencent de suite à s'aboucher ensemble, formant ainsi le premier noyau auquel viendront s'ajouter ceux qui en auront compris l'utilité par la suite.

Je ne m'appesantirai pas longtemps sur le danger que présente, au point de vue de la police, un groupe central. Il lui suffira de tracasser ce groupe, d'en disperser les membres, pour entraver cet échange de correspondances que l'on veut créer.

Tandis que s'il y a cinquante, cent, deux cents, cinq cents groupes en relation les uns avec les autres, correspondant directement, ayant chacun les adresses de ses correspondants, le travail devient beaucoup plus difficile pour la police ; car vingt, cinquante, cent groupes peuvent disparaître ; s'il en reste dix debout, rien n'empêche ces dix de correspondre.

Mais cela n'est qu'un petit côté de la question. De quoi se plaint-on ? que les groupes anarchistes n'ont pas assez d'initiative pour se rechercher et nouer des relations entre eux, et quel remède propose-t-on ? Créer un groupe aux attributions mal définies qui aura l'air de vouloir faire ce que les groupes ne savent pas faire eux-mêmes.

Le groupe aura-t-il pour mission de recevoir les correspondances, d'y répondre, de les communiquer aux autres ? Ce serait une centralisation pouvant devenir dangereuse, et que je combattrais de toutes mes forces.

Ne sera-t-il là que pour centraliser les adresses et les communiquer à ceux qui les demanderont, tâchant, par surplus, de relier les groupes entre eux ? Alors, c'est inutile de créer un rouage qui peut être une entrave. Je l'ai déjà dit, que les groupes existants commencent eux-mêmes et par eux-mêmes. Ayons la réalité au lieu de la façade, ça sera beaucoup mieux.

Cette façon d'envisager les choses est un autre reste de notre éducation autoritaire. Parce qu'il n'existe pas un groupe spécialement chargé de la correspondance, on s'imagine que la correspondance n'existe pas. Les groupes et les individus peuvent bien échanger leurs idées, cela ne compte pas. Il n'y a pas de façade. — Tandis qu'avec un groupe portant l'étiquette de bureau de correspondance, la façade existe. Tant pis s'il n'y a rien derrière.

*
* *

Les organisations centrales ont leur utilité dans les partis autoritaires, ayant un programme unique, discuté — ou accepté — point par point, duquel il n'y a pas à s'écarter, et que chaque adhérent accepte intégralement.

Tant que les individus ne mettent pas ce programme en discussion, le groupe central ordonne, dirige, semble rendre des services, en assumant l'initiative qu'il a tuée chez les individualités.

Mais quand ces dernières commencent à se sentir entravées, elles croient se libérer en changeant les hommes chargés de les diriger. Nous autres qui avons compris l'absurdité du système, qui avons commencé à nous débarrasser des individualités directrices, ne tombons pas en de semblables travers, ne nous contentons pas de changer le nom d'un rouage, nous imaginant avoir changé la chose.

Unissons-nous, solidarisons-nous, coordonnons nos efforts, mais en les formes nouvelles qu'exige notre nouvelle conception des relations d'individu à individu.

Autrefois, au début du mouvement anarchiste en France, il me souvient qu'un groupe, le *Groupe d'Etudes sociales des V° et XIII° arrondissements de Paris*, essaya de réaliser ce projet de fédération des groupes anarchistes, et réussit, pour sa part, à la maintenir tant qu'il vécut.

Pénétrés de cette idée qu'il est bon de se con-
naitre, d'échanger ses idées, de se tenir mutuellement au courant de la besogne faite, les membres
dudit groupe écrivirent à tous les camarades ou
groupes dont ils purent se procurer les adresses ;
au bout de six mois, ils avaient des correspondants
partout où il y avait des anarchistes avec lesquels
ils échangeaient leurs idées.

Afin de généraliser cette façon de faire, et pour
que la correspondance ne se bornât pas entre le seul
groupe des V° et XIII° et ses correspondants, mais
aussi entre ses correspondants eux-mêmes, et afin
de les y stimuler, le dit groupe imagina de fonder
un bulletin qui aurait été l'organe de cette fédération, où l'on aurait publié les travaux des groupes,
les parties intéressantes de leurs discussions, soit
au sein de chaque groupe, soit entre groupes.

Et toujours pour éviter la centralisation, les
groupes en relation devaient, chacun à leur tour,
publier un numéro du bulletin. Cela les forçait à correspondre avec les autres ; cela leur donnait égale-
ment de la vitalité, en les intéressant à une action,
en leur donnant de la besogne ; car, à cette époque,
nous étions trop peu nombreux pour penser à des
essais de réalisation ; nous ne pouvions aborder que
la discussion.

Le groupe des V° et XIII° publia le premier numéro
de ce bulletin tiré au polycopie. Mais vinrent les
événements de Montceau, de Lyon, les arrestations
qui s'en suivirent : plusieurs camarades furent forcés
de changer de localité ; l'œuvre avait encore trop peu
de racines pour subsister après la dispersion du
groupe initiateur, l'essai en resta là. Mais le peu qui
fut réalisé nous montre que l'idée est pratique, qu'il
ne s'agit que d'y apporter de la persistance, avec
cet avantage énorme que les groupes sont forcés
d'user d'initiative eux-mêmes, alors qu'un groupe

spécialement chargé de la correspondance aurait pour effet, sinon de l'annihiler, de flatter tout au moins l'inertie des individus; ceux-ci n'ayant que trop de tendances à se reposer de la besogne à faire sur ceux qui leur promettent de les remplacer.

Et si, depuis vingt ans que l'on cherche à créer des relations, par la création de « centres », un groupe de camarades s'était mis à la besogne, en commençant par entrer lui-même en correspondance avec les groupes qu'il aurait pu découvrir, s'il avait tenu cette correspondance suivie, persistante, essayant d'amener ses correspondants à correspondre eux-mêmes avec les groupes et individus de leur connaissance, il y aurait aujourd'hui un fort noyau de groupes et individus en relations systématiques entre eux.

Mettons-nous bien dans l'idée que rien ne se crée de toutes pièces ; commençons par les unités, ce sont des unités ajoutées l'une après l'autre à un premier noyau qui arriveront à former le bloc que nous désirons.

Mais il ne faut pas nous le dissimuler, si les groupes sont isolés, s'il s'est si peu créé de relations entre eux, c'est que, en somme, il existe peu de groupes, que la durée de ceux qui se créent, à part quelques exceptions, est éphémère et que, pour parer à ce côté faible de notre propagande, ce qu'il faudrait surtout, c'est donner aux groupes une direction, et réveiller l'esprit d'initiative qui, jusqu'ici, n'a été le fait que d'un très petit nombre parmi ceux qui se disent anarchistes.

Mais expliquons-nous. Lorsque je dis direction, je m'entends, je veux dire qu'il faudrait trouver des motifs de groupement assez puissants pour stimuler l'activité de ceux qui y participent, de façon que ces groupes se maintiennent par l'action, et ne disparaissent pas, comme cela arrive la plupart du temps, faute de savoir quoi faire.

S'il existe si peu de groupes, si ceux qui tentent de s'organiser durent... « ce que durent les roses », cela tient à ce que nous savons bien tous, ce dont nous ne voulons plus ; nous savons bien, au fond, ce que nous voulons ; mais, de quelle façon détruirons-nous ce dont nous ne voulons plus ? comment réaliserons-nous ce que nous voulons ? voilà où nous divergeons tous, et ce que nous ignorons à peu près totalement.

Nous voulons la Révolution, d'accord. Mais la Révolution n'a aucune vertu par elle-même ; elle n'accomplira que ce que sauront faire ceux qui y participeront. Et, en dehors des lignes générales, autant d'idées que d'individus.

Et puis, la Révolution ne se fait pas d'un bloc, il faut qu'elle soit amenée par un état d'esprit, par une évolution d'idées qui la préparent. Et, là encore, à part le vide à faire autour des institutions politiques sur lequel nous sommes tous d'accord, nous sommes plus ou moins à la recherche des moyens pratiques de tenter, dès à présent, la propagande contre le salariat, contre la propriété individuelle, capitaliste, contre les préjugés existants, et tout ce qui concerne la vie économique.

Notez que je ne veux pas faire le procès de la divergence d'idées existant parmi nous. Je la crois, au contraire, inévitable d'abord, et ensuite nécessaire et très utile. C'est de la diversité que naissent la vie et le mouvement. Nous voulons l'harmonie et non l'unification, ce qui n'est pas du tout la même chose.

Il est donc arrivé ceci : d'accord sur les lignes

générales, chaque fois que des individus tentent de former un groupe, c'est dans un but de propagande générale. Cela est large comme idées, mais très restreint comme activité ; aussi, ce que fait le groupe, c'est d'ouvrir des discussions en son sein, s'il a des adhérents capables de les soutenir, ou de faire un journal, s'il y en a qui pensent écrire des choses intéressantes.

Tant que les discussions restent intéressantes, les réunions du groupe sont suivies ; mais si la contradiction vient à manquer, ou que les membres du groupe arrivent à être à peu près d'accord, l'intérêt faiblit, et, après un temps plus ou moins long, les réunions du groupe sont peu ou point suivies, le groupe disparaît. Pour un journal, c'est bien moins long encore, car il faut de l'argent pour faire vivre un journal, et c'est ce qui manque toujours.

Aujourd'hui, quelques groupes se sont mis à organiser des causeries d'instruction et des bibliothèques ; quelques-uns y ont trouvé une source de vie et d'activité. Seulement, il est bien évident que là ne peut se borner l'activité de tous les anarchistes, et que l'on ne refait pas ce qui existe déjà.

*
* *

Un autre défaut, c'est que l'on ne veut s'attaquer qu'aux choses immédiatement réalisables. Ce qui demanderait de longs efforts, des années de patience et de travail n'a aucun attrait ; l'on veut, lorsqu'on entreprend quelque chose, obtenir des résultats immédiats. Et comme il existe peu de points de notre idéal qui soient réalisables immédiatement dans l'état social actuel, les chances d'agir et de se grouper se trouvent d'autant plus réduites.

Si nous étions moins impatients, nous ne nous laisserions pas détourner de certains buts, parce qu'ils exigent trop de temps. Le temps n'est rien dans la marche d'une idée, l'important est que l'on fasse quelque chose.

Or, si l'on veut faire quelque chose, il ne faut pas vouloir trop embrasser, mais prendre une idée bien nette, bien définie et essayer de la mettre en pratique.

Il est impossible de donner une énumération de ce qui pourrait être fait, il m'est impossible de définir un programme si vaste ; nous ne pouvons le connaître que par l'initiative de ceux qui, convaincus que telle chose peut être réalisée, se mettront à l'œuvre pour l'essayer.

Mais je puis prendre quelques exemples parmi les *desiderata* qui se font jour, déjà, dans les journaux, dans les discussions.

* *

Ce qui empêche beaucoup d'individus d'affirmer plus carrément leurs idées, c'est qu'ils peuvent perdre leur travail, et condamner à la misère ceux dont ils ont charge. Plus d'un, parfois, se révolterait contre une loi, contre un préjugé, qui ne se sentirait nullement arrêté par la perspective de quelques semaines de prison, s'il savait que les siens ne seront pas abandonnés pendant ce temps.

Certes, la solidarité ne manque pas parmi les anarchistes, chacun fait ce qu'il peut autour de lui, chaque fois que le besoin s'en fait sentir, mais ce n'est pas la fortune qui gêne les anarchistes ; on peut bien faire un sacrifice une semaine ou deux, mais si la situation se prolonge, on est forcé de penser à ceux qui vous sont plus proches, et la solidarité est forcée de se restreindre.

En quelques cas, les journaux ont pu suppléer, mais ce ne sont que des efforts intermittents, qui ne font que parer au plus pressé, et ne valent pas les efforts d'un groupe permanent qui s'occuperait spécialement de ramasser de l'argent pour les familles des détenus, soit en lançant des listes de souscription, soit en organisant des conférences, des représentations ou attractions susceptibles de faire tomber de l'argent en caisse, soit en se présentant chez ceux qui ont de l'argent et prétendent être avec nous (1).

Il y a l'idée de la *Grève Générale* dont on parle beaucoup, mais autour de laquelle aucune propagande bien suivie n'a été faite. Là encore il se formerait un groupe spécial qui donnerait tous ses efforts à faire pénétrer cette idée partout, au moyen de conférences, brochures, manifestes, intervenant dans les grèves partielles, en venant à la rescousse, afin de pouvoir se faire mieux écouter.

Nous avons la propagande contre la guerre, et antimilitariste. Il n'y a pas à vous démontrer tout ce que pourrait faire un groupe spécialement adonné à ce genre de propagande. Quand ça ne serait que pour aider à trouver du travail les conscrits qui préfèrent fuir à l'étranger.

Il y a la propagande dans les campagnes qui demanderait à être faite d'une façon spéciale par un groupe ayant cet objectif, et se pénétrant bien de la façon dont il faut opérer.

Nous avons la « journée de huit heures », dont les politiciens se sont fait une plate-forme électorale et qu'ils présentent comme un remède à tous les maux.

Or, si travailler seulement huit heures par jour n'est pas une panacée, ce n'en est pas moins un progrès sur l'état présent. Pourquoi ne prendrions-nous pas cette idée à notre compte, et ne tenterions-nous pas de la réaliser, puisqu'elle a chance de grouper les travailleurs ?

____

(1) Ce groupe s'est formé depuis.

Non pas pour demander au Parlement de voter cette loi, mais pour organiser les travailleurs et les amener à ce qu'ils la mettent eux-mêmes en pratique, en se présentant un beau jour à l'atelier et disant au patron : « Nous avons décidé de ne travailler que huit heures, nous ne ferons pas dix minutes de plus », et tenant bon jusqu'à ce que le patron se résigne à leur volonté.

Cette amélioration réalisée, les individus voudraient en réaliser d'autres. Ayant compris la force de la volonté et de la cohésion, soyons sûrs que ce n'est plus aux législateurs qu'ils iraient demander la réalisation de ce qu'ils voudraient.

Il y a l'éducation des enfants dont l'Etat a gardé le monopole et auquel nous pourrions, tout au moins, enlever celle des nôtres. Un groupe s'occupant de réunir les enfants pourrait rendre de grands services.

Je vous cite ici des exemples d'action plus immédiate ; mais il y a des cas d'action plus éloignée pour lesquels on pourrait cependant se grouper.

Il y a le refus de l'impôt ; la grève des locataires ; la résistance à certaines lois, à certains règlements.

Il peut y avoir association d'individus pour organiser entre eux une entente économique pour se procurer les facilités de la vie, en abolissant entre eux toute valeur d'échange.

Il y a des cas de résistance aux lois où un individu isolé n'osera pas le tenter, mais qu'il accomplira aisément, s'il se sent soutenu, imité, ou s'il peut le faire au milieu d'autres.

* *

Nous nous réclamons de l'initiative, et c'est ce qui existe le moins parmi nous. Ajoutons à cela le désir de transformer l'état social d'un bloc, voilà pourquoi nous n'avons, jusqu'à présent, fait que discuter, et rien essayé encore pour préparer cette transformation.

Je voyais, dernièrement, dans un livre sur l'Amérique, comment là-bas l'initiative individuelle avait réussi à se substituer à l'omnipotence de l'Etat. Certes, celui-ci est toujours le défenseur du capital ; mais au lieu qu'il se glisse dans toutes les relations sociales, jusque dans la vie journalière de l'individu, ce sont les individus eux-mêmes qui, lorsqu'ils sentent le besoin d'une chose, se groupent, s'unissent. et organisent ce qu'ils ont décidé.

Ici, bientôt, lorsqu'on voudra obtenir une diminution de son loyer, on demandera à l'Etat d'intervenir.

Pourquoi, lorsque nous sentons la nécessité d'une chose, que nous croyons à sa réalisation, ne ferions-nous pas appel à ceux qui sentent cette nécessité, qui croient à sa réalisation ?

On ne sera que dix, que vingt au début, alors qu'il faudrait être des milliers pour réussir : eh bien ! que ces dix, que ces vingt fassent la propagande pour cette idée, qu'ils travaillent jusqu'à ce qu'ils aient amené à eux le nombre nécessaire pour la réalisation de leur idée. Qu'importe le temps ? Que l'on n'ait plus foi aux transformations miraculeuses qui ne relèvent que de la foi à la Providence.

Il en est de même pour les ressources pécuniaires. On a toujours tablé sur les millions providentiels qui devaient tomber dans la caisse des groupes, pour leur permettre de faire la propagande, et on n'a pas su s'astreindre à la cotisation patiente, régulière, qui fait plus que toutes les combinaisons imaginées pour amener la grosse somme.

Il ne s'agit pas ici d'imposer des cotisations fixes, sous peine d'exclusion ; mais il faudrait que les individus sachent qu'ils ne peuvent compter que sur eux-mêmes, sur leur seule action, sur leurs seuls efforts, et que les sous ramassés un à un finissent par faire des sommes importantes, lorsqu'on y met de la persévérance.

Je sais qu'il y en a qui ont dit que c'était prêcher l'abnégation ; que, pour les anarchistes, tout cela était changé ; que ce n'était qu'en améliorant son propre sort que l'individu arriverait à changer l'état social, que les privations qu'ils pouvaient s'imposer pour la propagande ne signifiaient rien, que c'était aux bourgeois qu'il fallait faire payer les frais de la guerre.

Tout cela est morale de jouisseurs qui, dans l'anarchie, n'ont voulu voir que ce qui flattait leurs appétits.

Il est évident que les anarchistes n'ont pas à faire vœu de pauvreté. S'ils peuvent améliorer leur situation personnelle, ils auraient tort de ne pas le faire, puisque, s'ils sont réellement convaincus, c'est un supplément de ressources pour la lutte qu'ils y trouveront. Mais il est difficile, dans l'état social actuel, d'améliorer sa situation, sans que cela soit au détriment de quelques autres. Les cas sont très rares où les individus puissent devoir cette amélioration à leur seul travail. Et ils restent toujours des cas individuels, sans aucune influence sur la situation générale.

Notre propagande n'est qu'une lutte contre l'état social actuel. Toute lutte comporte efforts, sacrifices. Et lorsque la conviction ne sait pas s'astreindre à quelques-uns de ces sacrifices qu'exige la lutte, c'est une conviction bien peu efficace et bien peu solide. Ce n'est pas du dehors que nous devons attendre les ressources pour mener la lutte. Et lorsqu'on dit que « l'émancipation des travailleurs ne sera l'œuvre que des travailleurs eux-mêmes », il ne faut pas sous-entendre l'œuvre d'une entité qui surgira d'on ne sait où, mais bien la besogne de chaque travailleur qui se mettra à l'œuvre lui-même, travaillera dans son milieu, associera son action à celle d'autres travailleurs.

De même pour la révolution anarchiste. Elle sera l'œuvre des individualités qui auront su agir dans leur propre milieu, auront su s'associer, se grouper pour les besognes trop fortes pour être entreprises isolément. Seulement, ce qu'il ne faut pas oublier, c'est que l'œuvre des collectivités n'est que la somme des efforts des unités qui les composent, qu'elles sont impuissantes si ceux qui les composent ne savent pas agir eux-mêmes, et y consacrer les efforts nécessaires à la réussite.

*
* *

Comme je l'ai dit plus haut, il est impossible d'énumérer toutes les formes du groupement ; ce sont les préférences de chacun qui doivent les diriger, leur faire rechercher ceux qui pensent comme eux.

Et quelle que soit la diversité de but, ces groupes peuvent être utiles les uns aux autres. En dehors de l'idée qui peut absorber vos efforts, il peut y avoir nombre de cas et de façons où l'on peut être utile à ceux qui consacrent les leurs à une autre réalisation. Soi-même on peut avoir assez de forces à dépenser pour faire partie de plusieurs groupes à objectifs différents, c'est pourquoi il serait urgent d'établir le plus de relations possibles entre groupes et individus, à condition que ces relations soient spontanées, directes, sans intermédiaires.

Un autre avantage de cette façon de procéder en

dehors de celui de faciliter la propagande, c'est qu'elle nous préparera à la vie de la société future, en nous habituant à agir selon nos conceptions, selon notre tempérament, selon nos aptitudes. C'est en développant notre initiative que nous pourrons résister aux empiètements de nos maîtres économiques ou politiques. Et du jour où nous serons habitués à cette façon de procéder, nous n'aurons plus peur d'être surpris par la Révolution, car nous aurons, nous aussi, une organisation nouvelle, prête à se substituer à celle que nous aurons renversée.

Imprimerie Charles Blot, 7, rue Bleue, Paris.

COLLECTIONS DE 30 LITHOGRAPHIES

Ont déjà paru : L'Incendiaire, *par Luce.* —Porteuses de bois, *par C. Pissarro.* — L'Errant, *par X.* — Le Démolisseur, *par Signac.* — L'Aube, *par Jehannet.* — L'Aurore, *par Vuillaume.* — Les Errants, *par Rysselberghe* (les sept premières sont épuisées). — L'Homme mourant, *par L. Pissarro.* — Les Sans-Gîte, *par C. Pissarro.* — Sa Majesté la Famine, *par Luce.* — On ne marche pas sur l'herbe, *par Hermann-Paul.* — La Vérité au Conseil de guerre, *par Luce.* — Mineurs belges, *par Constantin Meunier.* — Ah ! les sales Corbeaux ! *de J. Hénault.* — La Guerre, *de Maurin.* — Epouvantails, *de Chevalier.* — Capitalisme, *de Comin'Ache.* — Education Chrétienne, *de Roubille.* — Provocation, *de Lebasque.* — La Débâcle, *dessin de Vallotton,* gravé par Berger. — Le Dernier gîte du Trimardeur, *par Daumont.* — L'Assassiné, *par C. L.* — Souteneurs sociaux, *par Delannoy.* — Les Défricheurs, *par Agar.* — Le Calvaire du mineur, *par Couturier.* — Ceux qui mangent le pain noir, *par Lebasque.* — Les Bienheureux, *par Heidbrinck.* — Le Missionnaire, *par Vuillaume.*

Ces lithographies sont vendues 1 fr. 25 l'exemplaire sur papier de Hollande, franco 1 fr. 40 ; édition d'amateur : 3 fr. 50.

Il ne reste qu'un nombre très limité de collections complètes. Elles sont vendues 75 francs ce qui est paru de l'édition ordinaire, 150 francs celle d'amateur.

En dehors de l'album, nous avons :

Un repaire de malfaiteurs, *par Vuillaume* . . .	1	» *franco*	1 15
Bakounine, *portrait au burin par Barbottin* . . .	» 50	—	» 60
Proudhon, *portrait au burin par Barbottin*	» 50	—	» 60
Cafiero	» 50	—	» 60
Un frontispice en couleur, *par Vuillaume,* pour le premier volume du Supplément	2 25	—	2 40
Celui du deuxième volume, *par Pissaro*	2 25	—	2 40
Celui du troisième, *par Willette,* est en préparation.			

BROCHURES DE BRUXELLES

A M. Emile Zola, *par Ch. Albert*	franco.	» 15
Quelques Vers, *par Richepin*		» 15
L'Humanisphère, *par Dejacques*		1 20
Les Précurseurs de l'Internationale, *par W. Tcherkesoff* .		1 20
L'Art et la Révolution, *par Wagner*		1 20
Un peu de théorie, *par Malatesta*		» 15
Pour la vie, *par Myrial.*		» 60
Droits et Devoirs, *par Myrial.*		» 15
La Servitude volontaire.		» 30
Le Prisonnier, *par Morrow.*		» 15
Un procès en Russie, *par Tolstoï.*		» 30